मेरी प्रथम हिन्दी सुलेख

शब्द ज्ञान

जग मटर खत मलमल

यह किताब .... की है।

घर नल जग टब

घर नल जग टब

घर नल जग टब

फल धन जल हल

फल धन जल हल

फल धन जल हल

रथ नभ ऊन बस

रथ नभ ऊन बस

रथ नभ ऊन बस

गज खत पर हस

गज खत पर हस

गज खत पर हस

10

दस मग नथ आम

दस मग नथ आम

दस मग नथ आम

यज्ञ वन पढ़ एक

यज्ञ वन पढ़ एक

यज्ञ वन पढ़ एक

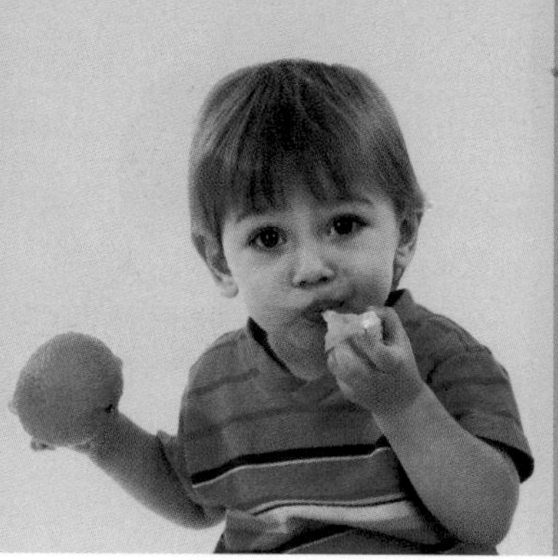

फन चख छत नग

फन चख छत नग

फन चख छत नग

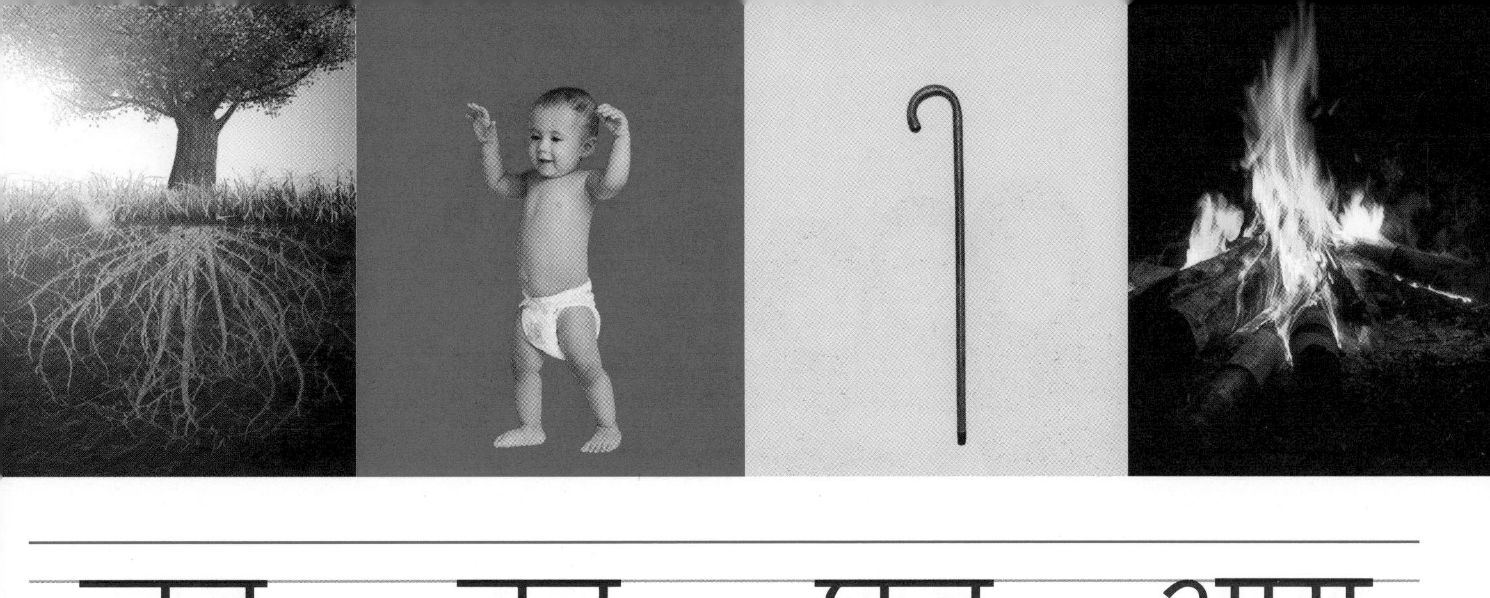

जड़ तन छड़ आग

जड़ तन छड़ आग

जड़ तन छड़ आग

थन हम डर आठ

थन हम डर आठ

थन हम डर आठ

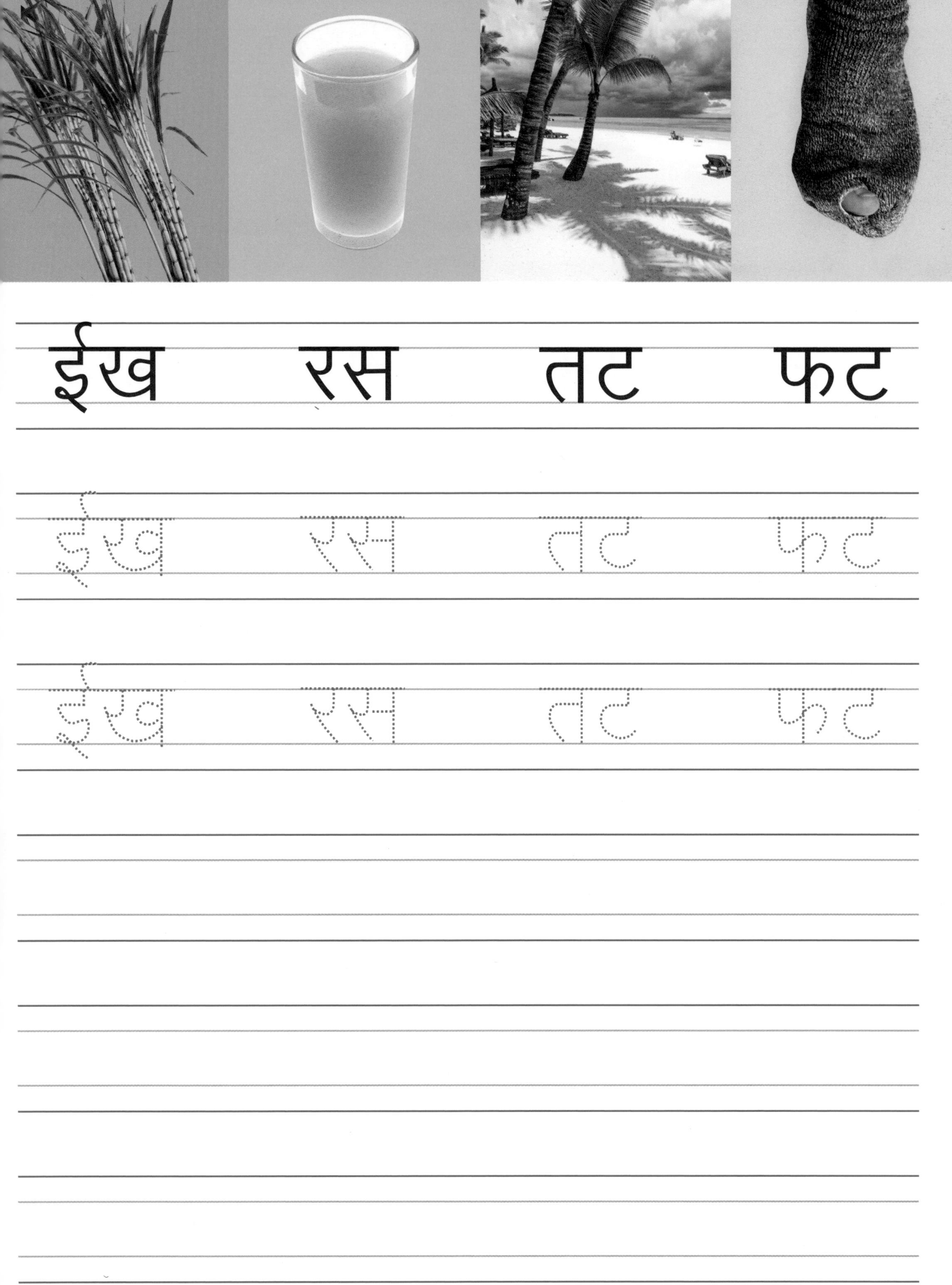

ईख रस तट फट

ईख रस तट फट

ईख रस तट फट

लट ढक थक लठ

लट ढक थक लठ

लट ढक थक लठ

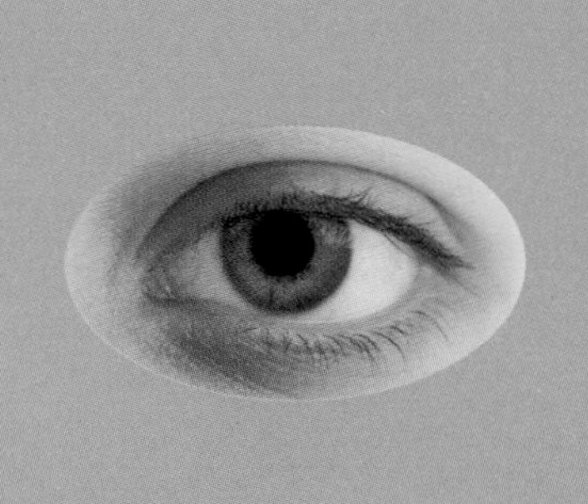

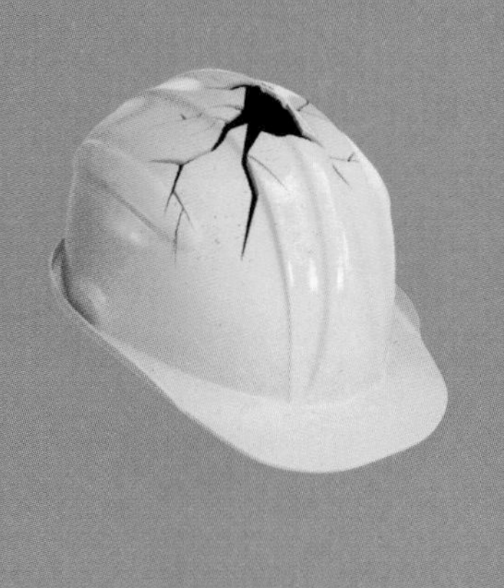

कमल नयन मटर चटक

कमल नयन मटर चटक

कमल नयन मटर चटक

कलश गरम शहद पदक

कलश गरम शहद पदक

कलश गरम शहद पदक

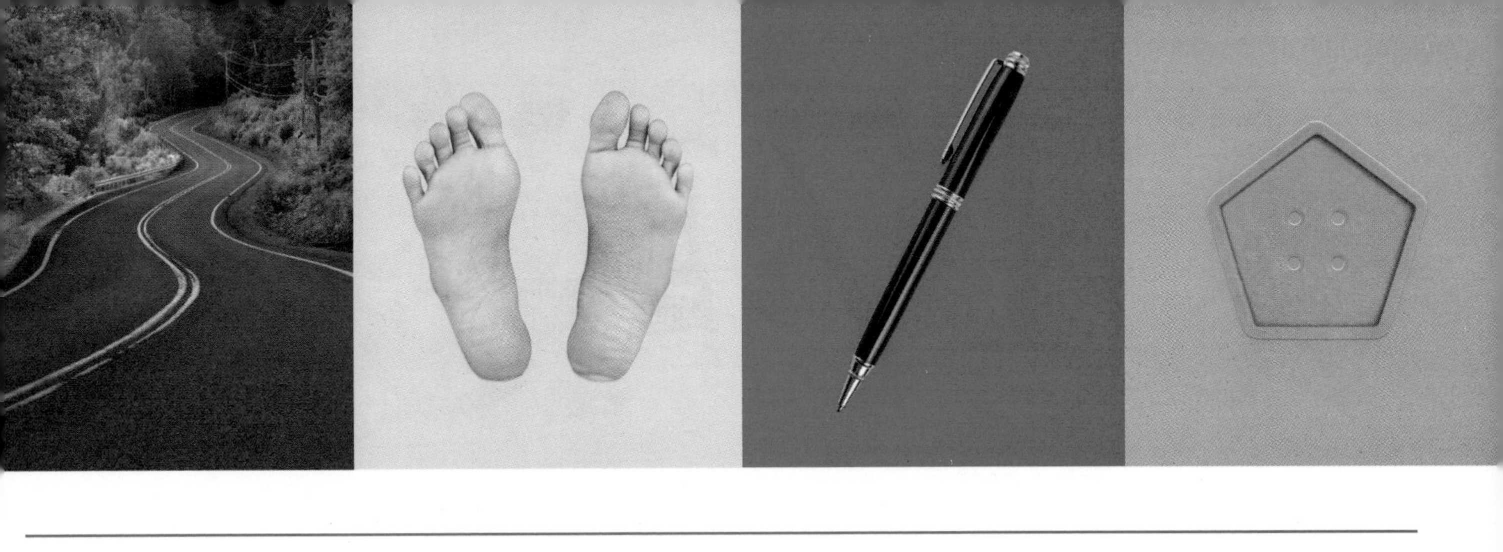

सड़क चरण कलम बटन

सड़क चरण कलम बटन

सड़क चरण कलम बटन

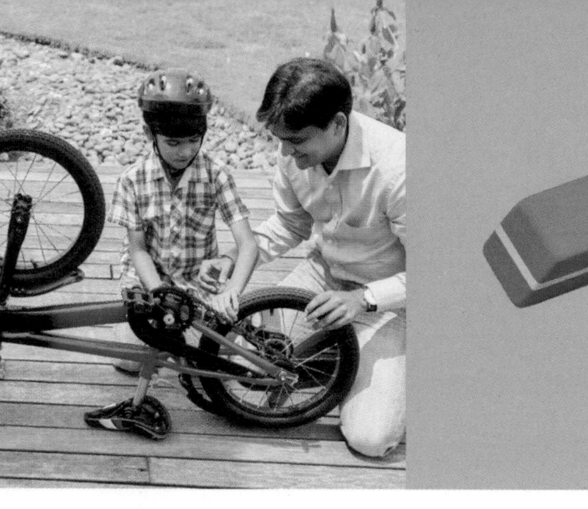

दहन सत्रह मदद रबड़

दहन सत्रह मदद रबड़

दहन सत्रह मदद रबड़

100

शतक हवन महल फसल

शतक हवन महल फसल

शतक हवन महल फसल

मगर नहर झटक चमक

मगर नहर झटक चमक

मगर नहर झटक चमक

डगर पवन बहन नमन

डगर पवन बहन नमन

डगर पवन बहन नमन

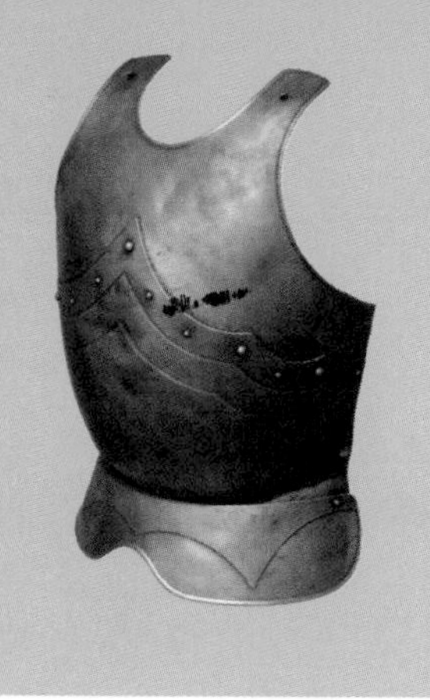

समय पलक कवच जलन

समय पलक कवच जलन

समय पलक कवच जलन

पकड़ नमक सफल लटक

पकड़ नमक सफल लटक

पकड़ नमक सफल लटक

खबर उछल पटक लपक

खबर उछल पटक लपक

खबर उछल पटक लपक

टहल नगर लहर वजन

टहल नगर लहर वजन

टहल नगर लहर वजन

सरकस सलवट मलमल

सरकस सलवट मलमल

सरकस सलवट मलमल

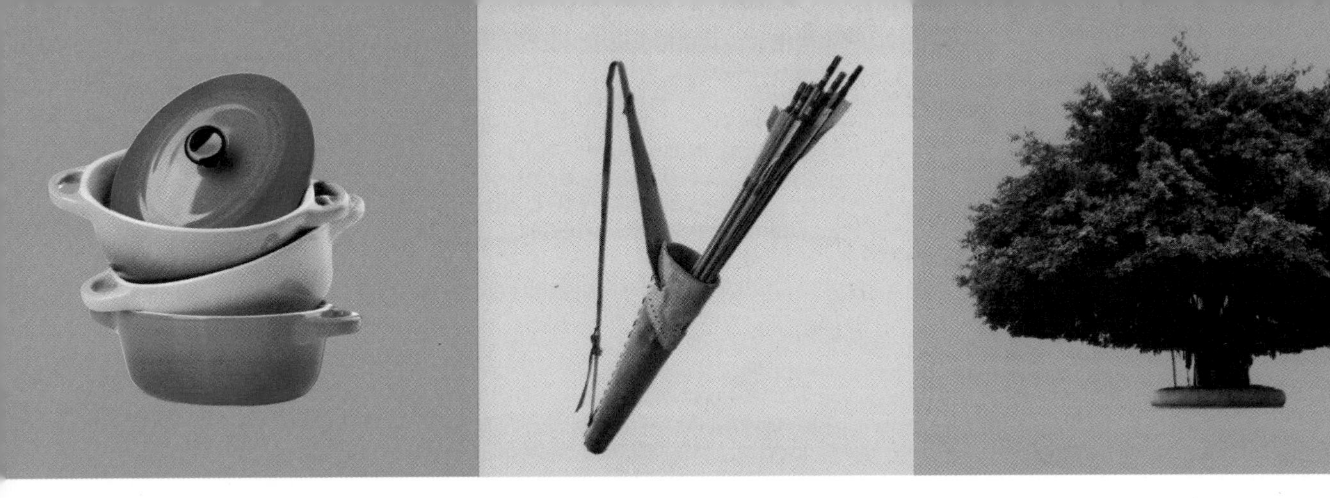

बरतन तरकश बरगद

बरतन तरकश बरगद

बरतन तरकश बरगद

अरहर दलदल कमरख

अरहर दलदल कमरख

अरहर दलदल कमरख

खटमल शरबत कटहल

खटमल शरबत कटहल

खटमल शरबत कटहल

कसरत सरपट उबटन

कसरत सरपट उबटन

कसरत सरपट उबटन

पतझड़ टमटम थरमस

पतझड़ टमटम थरमस

पतझड़ टमटम थरमस

दमकल अदरक अचकन

दमकल अदरक अचकन

दमकल अदरक अचकन

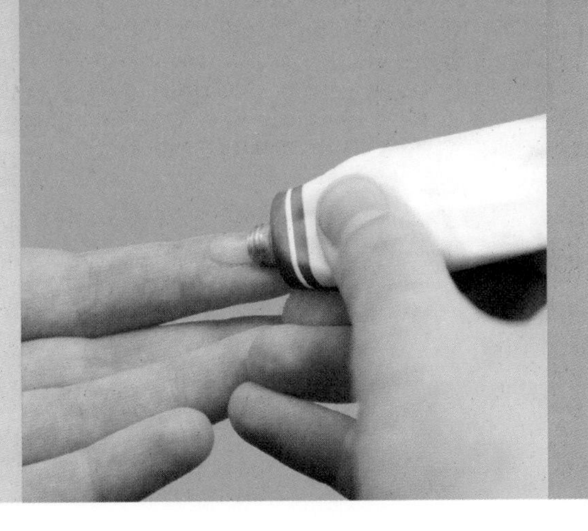

परवल मरहम पनघट

परवल मरहम पनघट

परवल मरहम पनघट

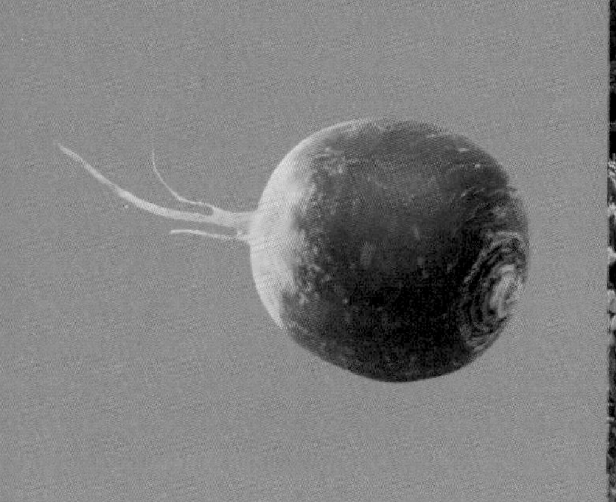

शलजम उपवन अजगर

शलजम उपवन अजगर

शलजम उपवन अजगर

मेरी प्रथम हिन्दी सुलेख

मात्रा ज्ञान

सुराही राजा गुफा कृषक

अनार रात गाजर राजा

अनार रात गाजर राजा

अनार रात गाजर राजा

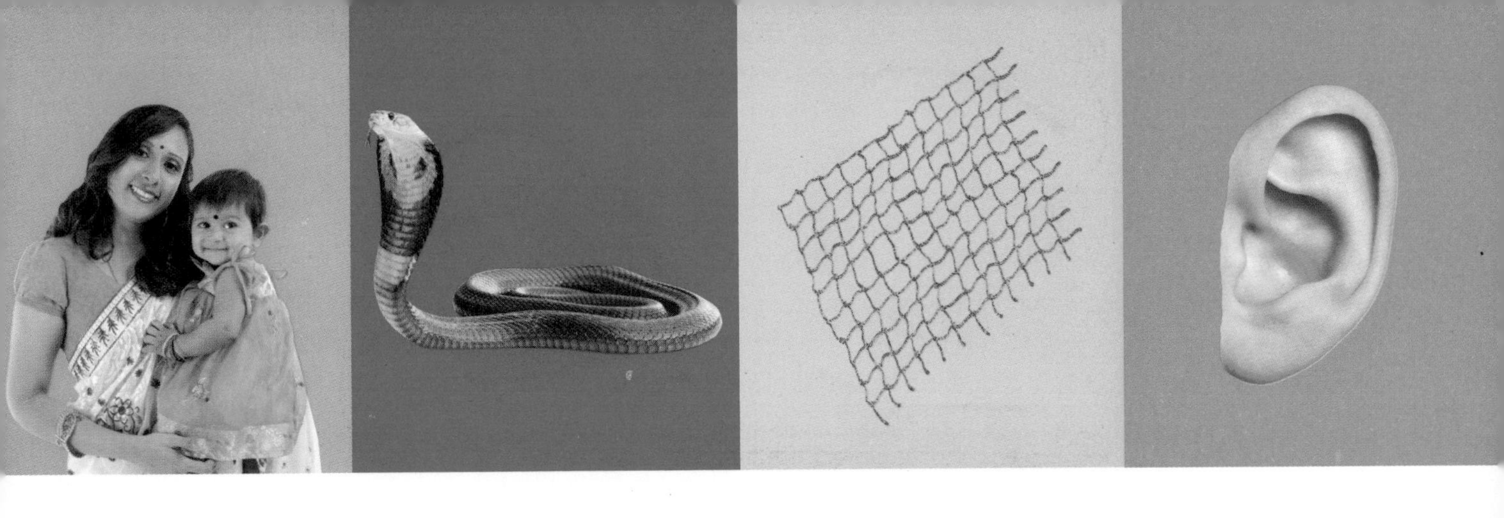

माता नाग जाल कान

माता नाग जाल कान

माता नाग जाल कान

दादा कागज ताला बादल

दादा कागज ताला बादल

दादा कागज ताला बादल

चिड़िया हिरन गिलास गिटार

चिड़िया हिरन गिलास गिटार

चिड़िया हिरन गिलास गिटार

विमान किला किताब टिकट

विमान किला किताब टिकट

विमान किला किताब टिकट

सितार पहिया क्षत्रिय चीनी

सितार पहिया क्षत्रिय चीनी

सितार पहिया क्षत्रिय चीनी

इमली कली इमरती लीची

इमली कली इमरती लीची

इमली कली इमरती लीची

नदी सीप मछली छतरी

नदी सीप मछली छतरी

नदी सीप मछली छतरी

खीरा गीदड़ हाथी डिबिया

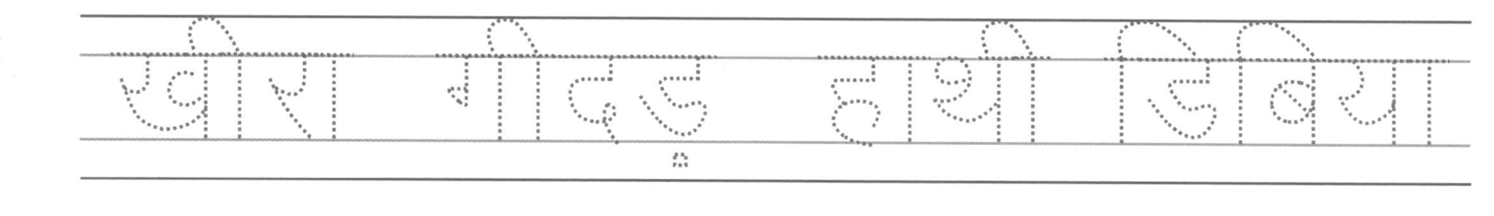

खीरा गीदड़ हाथी डिबिया

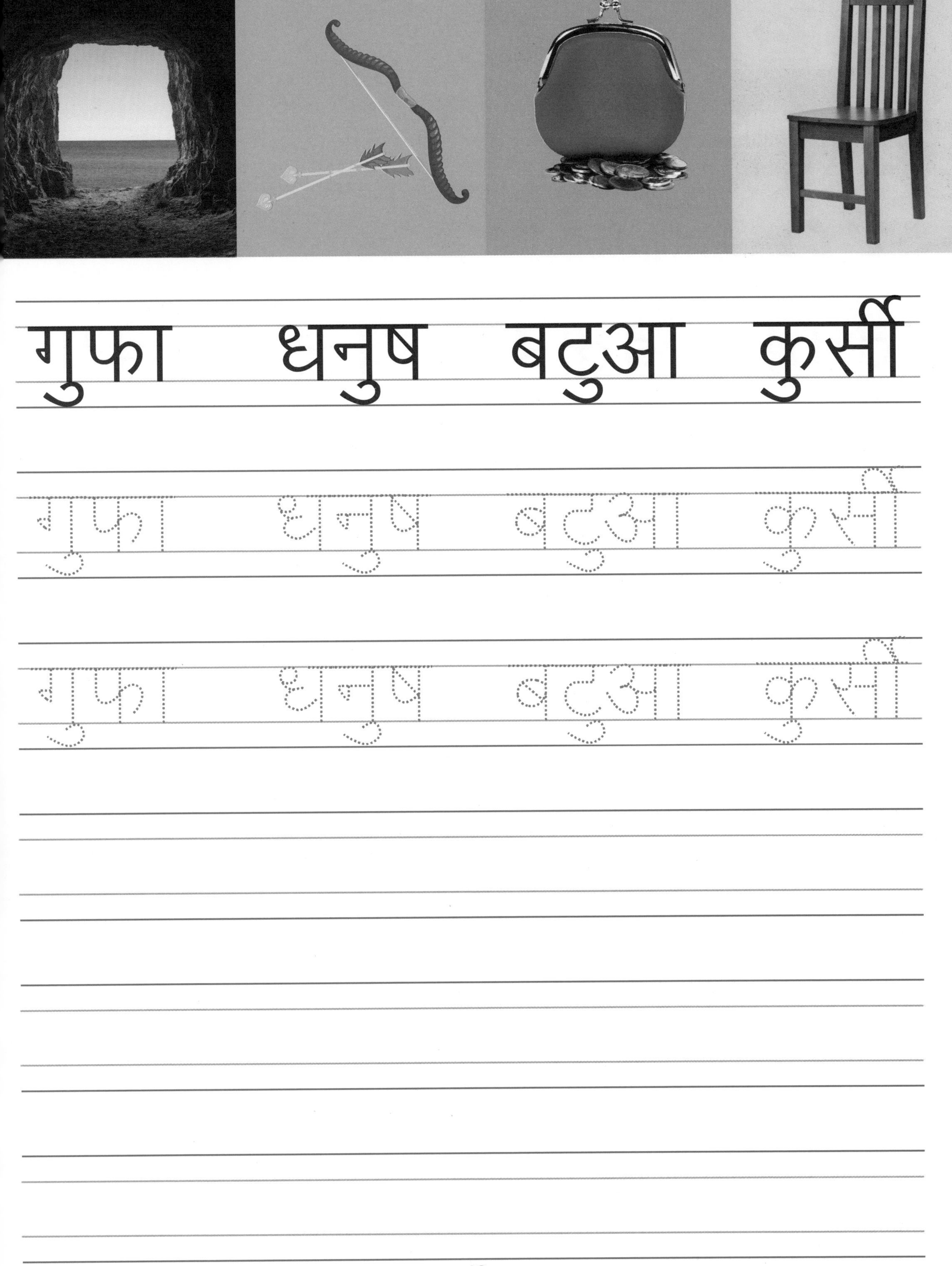

गुफा धनुष बटुआ कुर्सी

गुफा धनुष बटुआ कुर्सी

गुफा धनुष बटुआ कुर्सी

दुकान बुलबुल पुल गुड़िया

दुकान बुलबुल पुल गुड़िया

दुकान बुलबुल पुल गुड़िया

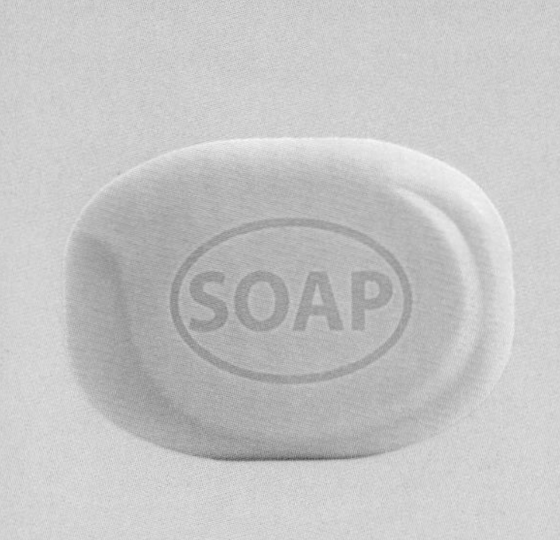

गुलाब साबुन कछुआ सुराही

गुलाब साबुन कछुआ सुराही

गुलाब साबुन कछुआ सुराही

भालू सूरज दूध फूल

भालू सूरज दूध फूल

भालू सूरज दूध फूल

जूता तरबूज आलू कबूतर

जूता तरबूज आलू कबूतर

जूता तरबूज आलू कबूतर

तराजू चूहा काजू खरबूजा

तराजू चूहा काजू खरबूजा

तराजू चूहा काजू खरबूजा

वृक्ष मृग गृह कृषक

वृक्ष मृग गृह कृषक

वृक्ष मृग गृह कृषक

खेल केश केला जेवर

खेल केश केला जेवर

खेल केश केला जेवर

मैंढ़क तेरह भेड़िया नेवला

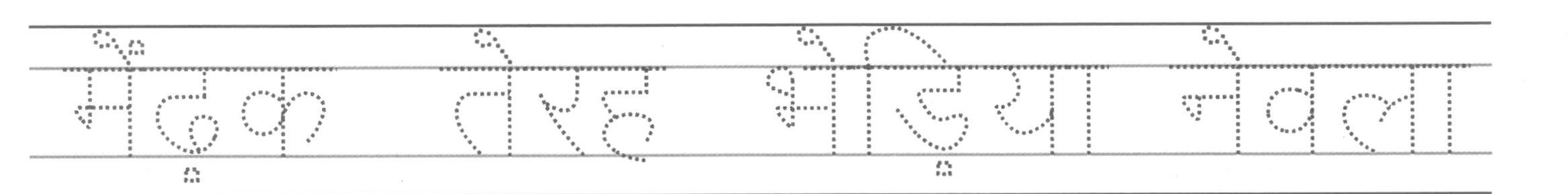

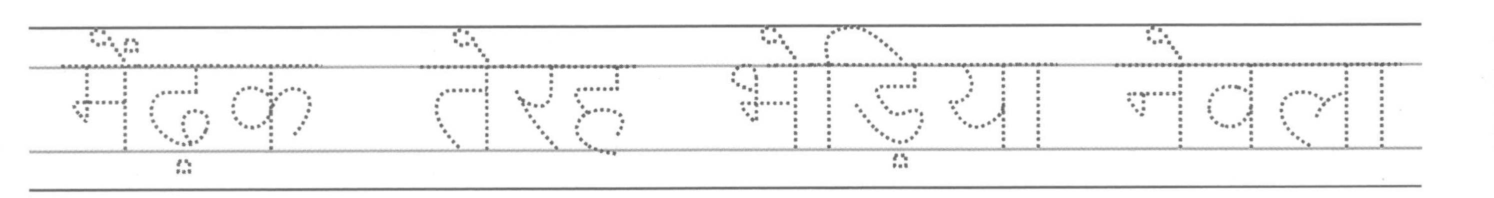

भेड़ शेर सेब रेलगाड़ी

भेड़ शेर सेब रेलगाड़ी

भेड़ शेर सेब रेलगाड़ी

तैराक ततैया हैरान कैदी

तैराक ततैया हैरान कैदी

तैराक ततैया हैरान कैदी

कैमरा मैदान थैला बैल

कैमरा मैदान थैला बैल

कैमरा मैदान थैला बैल

मैना बैंगन सैर पैसा

मैना बैंगन सैर पैसा

मैना बैंगन सैर पैसा

 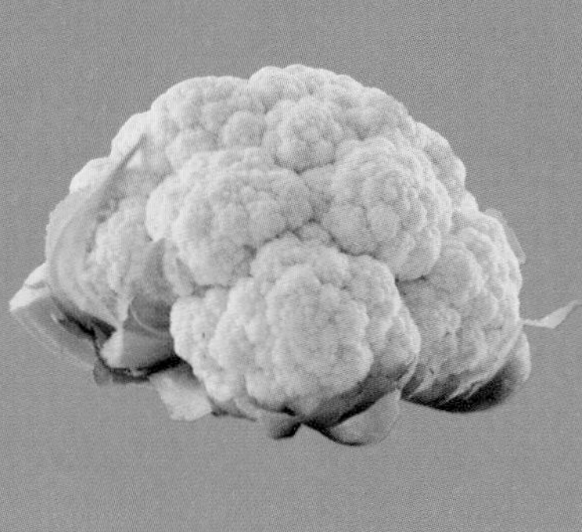  

घोड़ा गोभी कोट लोमड़ी

घोड़ा गोभी कोट लोमड़ी

घोड़ा गोभी कोट लोमड़ी

लोहा मोती मोर ढोलक

लोहा मोती मोर ढोलक

लोहा मोती मोर ढोलक

पोटली तोता गोल कोयल

पोटली तोता गोल कोयल

पोटली तोता गोल कोयल

तौलिया कौड़ी फौजी नौका

तौलिया कौड़ी फौजी नौका

तौलिया कौड़ी फौजी नौका

जौ गौशाला नौ दौड़ना

जौ गौशाला नौ दौड़ना

जौ गौशाला नौ दौड़ना

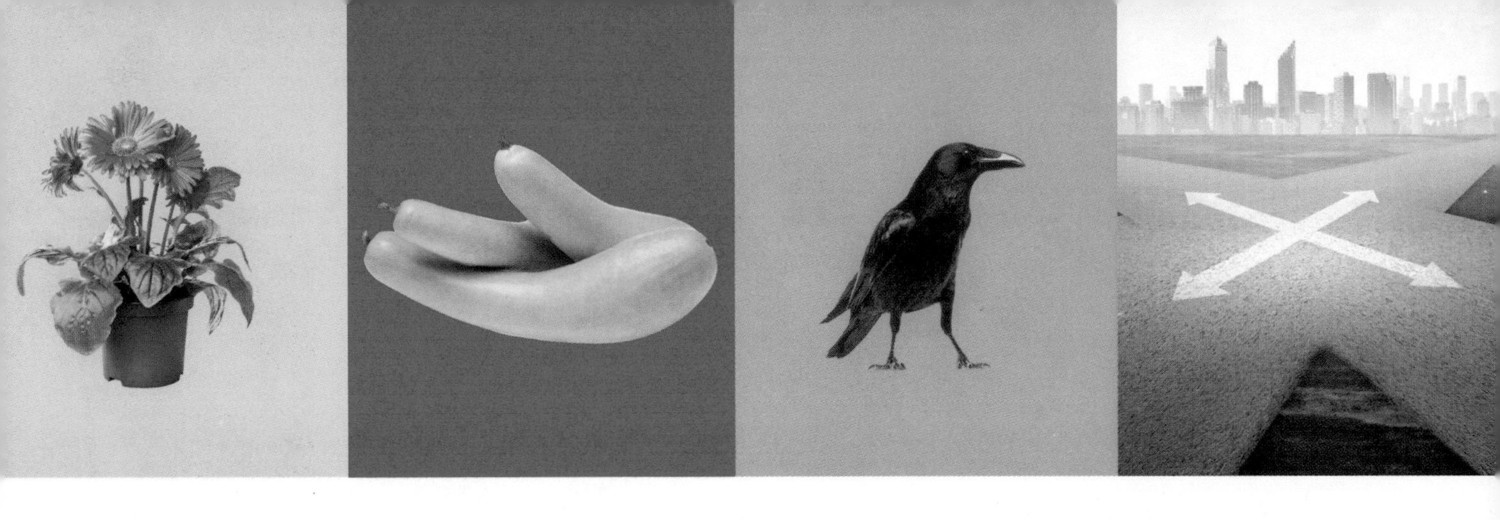

पौधा लौकी कौआ चौराहा

पौधा लौकी कौआ चौराहा

पौधा लौकी कौआ चौराहा

पतंग रंग हंस पंखा

पतंग रंग हंस पंखा

पतंग रंग हंस पंखा

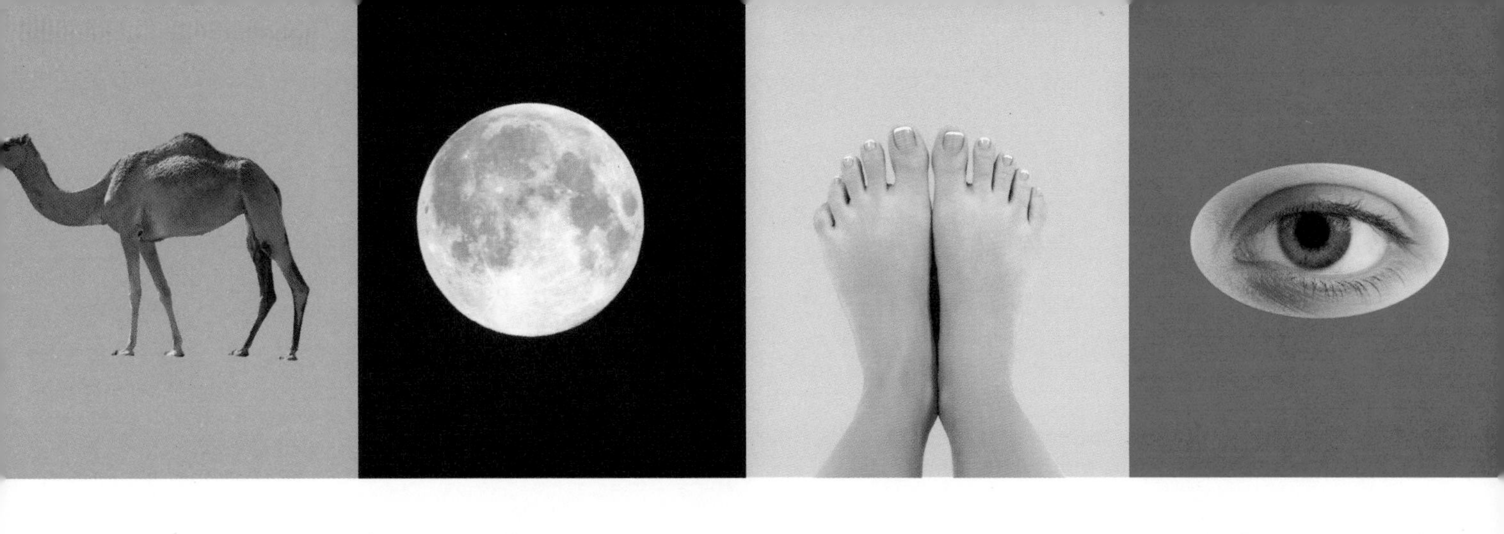

ऊँट चाँद पाँव आँख

ऊँट चाँद पाँव आँख

ऊँट चाँद पाँव आँख

दुःख छः प्रातः नमः

दुःख छः प्रातः नमः

दुःख छः प्रातः नमः

मेरी प्रथम हिन्दी सुलेख

संयुक्त अक्षर ज्ञान

बग्घी राज्य ध्यान खट्टा

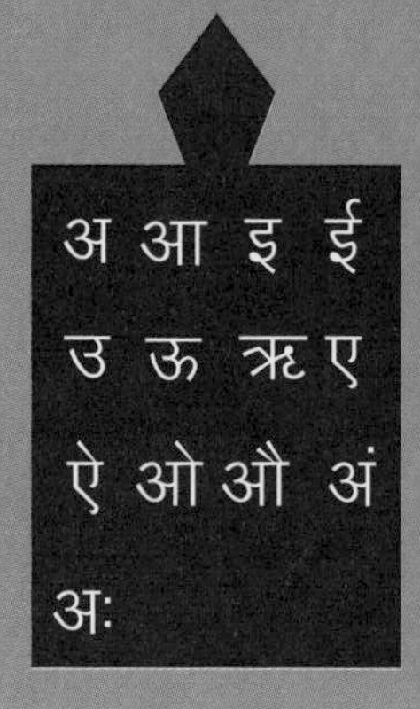

मक्का चक्का मक्खी तख्ती

मक्का चक्का मक्खी तख्ती

मक्का चक्का मक्खी तख्ती

ढक्कन भक्त मक्खन चक्की

ढक्कन भक्त मक्खन चक्की

ढक्कन भक्त मक्खन चक्की

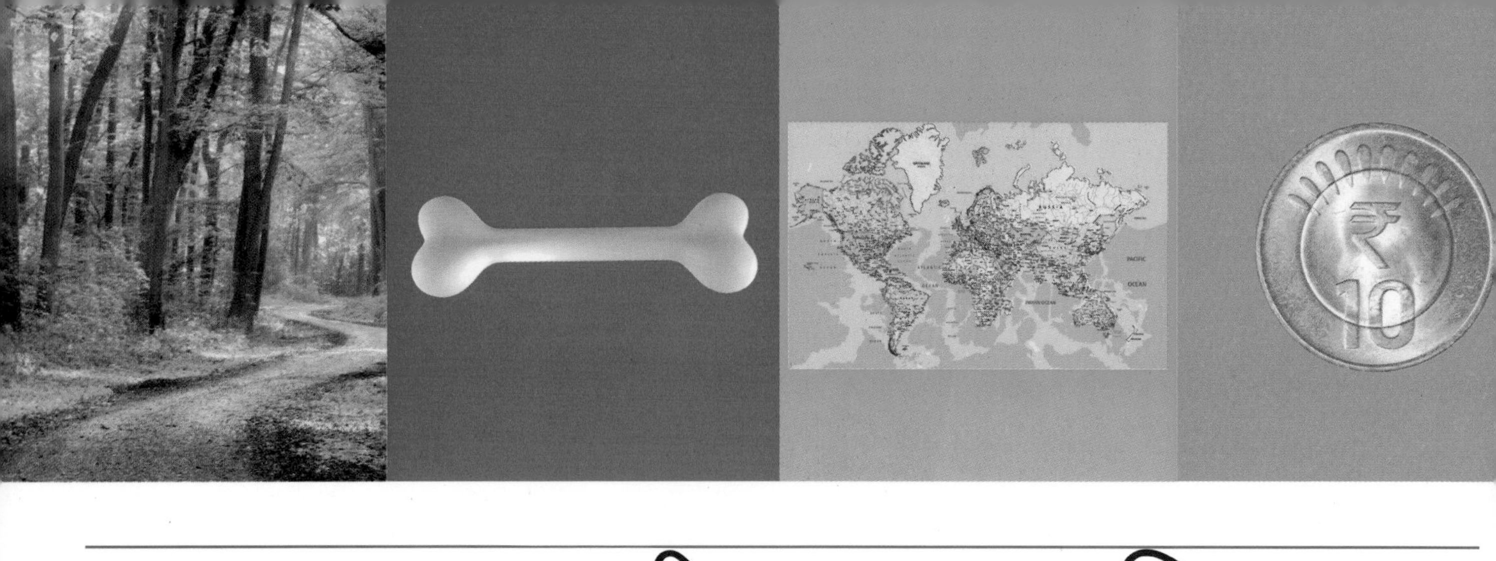

रास्ता हड्डी नक्शा सिक्का

रास्ता हड्डी नक्शा सिक्का

रास्ता हड्डी नक्शा सिक्का

11

3456

ग्यारह ग्वाला बग्घी संख्या

ग्यारह ग्वाला बग्घी संख्या

ग्यारह ग्वाला बग्घी संख्या

चिट्ठी अग्नि भाग्य लस्सी

चिट्ठी अग्नि भाग्य लस्सी

चिट्ठी अग्नि भाग्य लस्सी

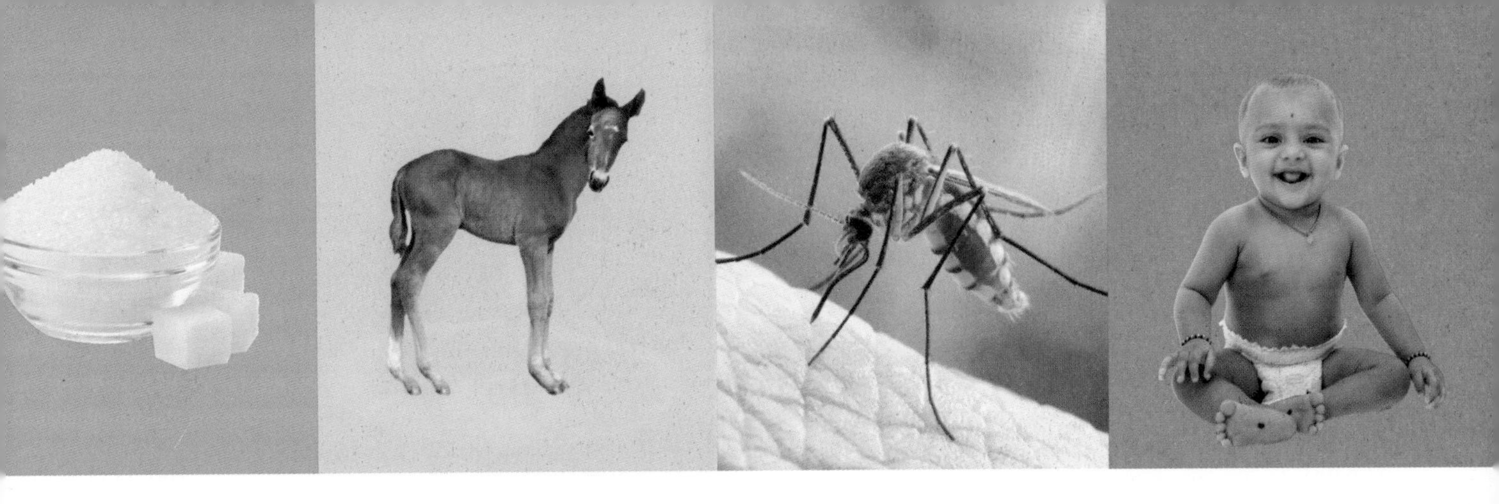

शक्कर खच्चर मच्छर बच्चा

शक्कर खच्चर मच्छर बच्चा

शक्कर खच्चर मच्छर बच्चा

चन्द्रमा गुच्छा ज्योति पन्ना

चन्द्रमा गुच्छा ज्योति पन्ना

चन्द्रमा गुच्छा ज्योति पन्ना

चप्पल छज्जा लज्जा ज्वार

चप्पल छज्जा लज्जा ज्वार

चप्पल छज्जा लज्जा ज्वार

पूज्य राज्य ज्वर लट्टू

पूज्य राज्य ज्वर लट्टू

पूज्य राज्य ज्वर लट्टू

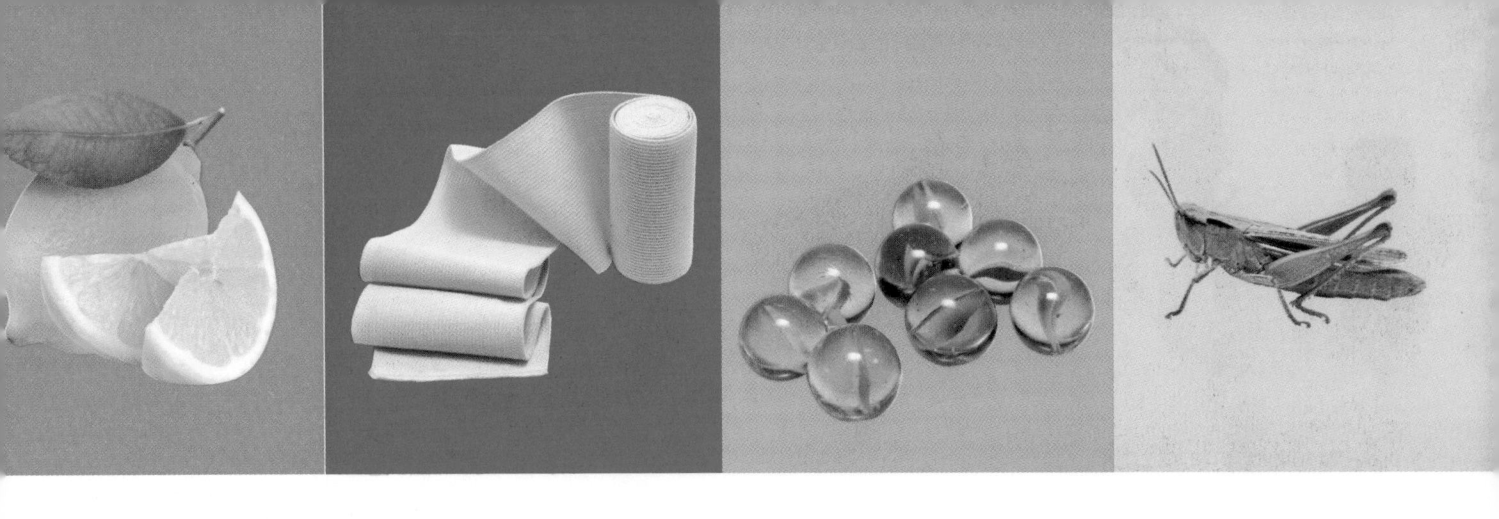

खट्टा पट्टी सख्त टिड्डा

खट्टा पट्टी सख्त टिड्डा

खट्टा पट्टी सख्त टिड्डा

छुट्टी मिट्टी छत्ता लड्डू

छुट्टी मिट्टी छत्ता लड्डू

छुट्टी मिट्टी छत्ता लड्डू

खड्ग झण्डा घण्टा ठण्डा

खड्ग झण्डा घण्टा ठण्डा

खड्ग झण्डा घण्टा ठण्डा

डण्डा अण्डा पत्ता कुत्ता

डण्डा अण्डा पत्ता कुत्ता

डण्डा अण्डा पत्ता कुत्ता

बत्तख पत्थर रत्न उत्सव

बत्तख पत्थर रत्न उत्सव

बत्तख पत्थर रत्न उत्सव

कद्दू गद्दा मुद्रा गिद्ध

कद्दू गद्दा मुद्रा गिद्ध

कद्दू गद्दा मुद्रा गिद्ध

योद्धा समुद्र विद्यार्थी बुद्ध

योद्धा समुद्र विद्यार्थी बुद्ध

योद्धा समुद्र विद्यार्थी बुद्ध

ध्यान चन्दन कन्हैया लक्ष्मी

ध्यान चन्दन कन्हैया लक्ष्मी

ध्यान चन्दन कन्हैया लक्ष्मी

सन्तरा गैन्डा भिन्डी बिन्दी

सन्तरा गैन्डा भिन्डी बिन्दी

सन्तरा गैन्डा भिन्डी बिन्दी

गिल्ली स्याही गन्ना सन्दूक

गिल्ली स्याही गन्ना सन्दूक

गिल्ली स्याही गन्ना सन्दूक

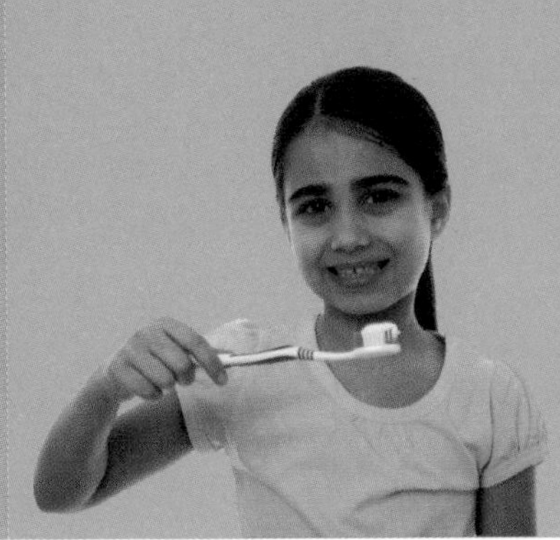

पिन्जरा बन्दर मन्जन सन्त

पिन्जरा बन्दर मन्जन सन्त

पिन्जरा बन्दर मन्जन सन्त

परिन्दा प्याज पिस्ता कुर्सी

परिन्दा प्याज पिस्ता कुर्सी

परिन्दा प्याज पिस्ता कुर्सी

ग्रह प्याला बस्ता प्लेट

ग्रह प्याला बस्ता प्लेट

ग्रह प्याला बस्ता प्लेट

डिब्बा सब्जी गुब्बारा खम्भा

डिब्बा सब्जी गुब्बारा खम्भा

डिब्बा सब्जी गुब्बारा खम्भा

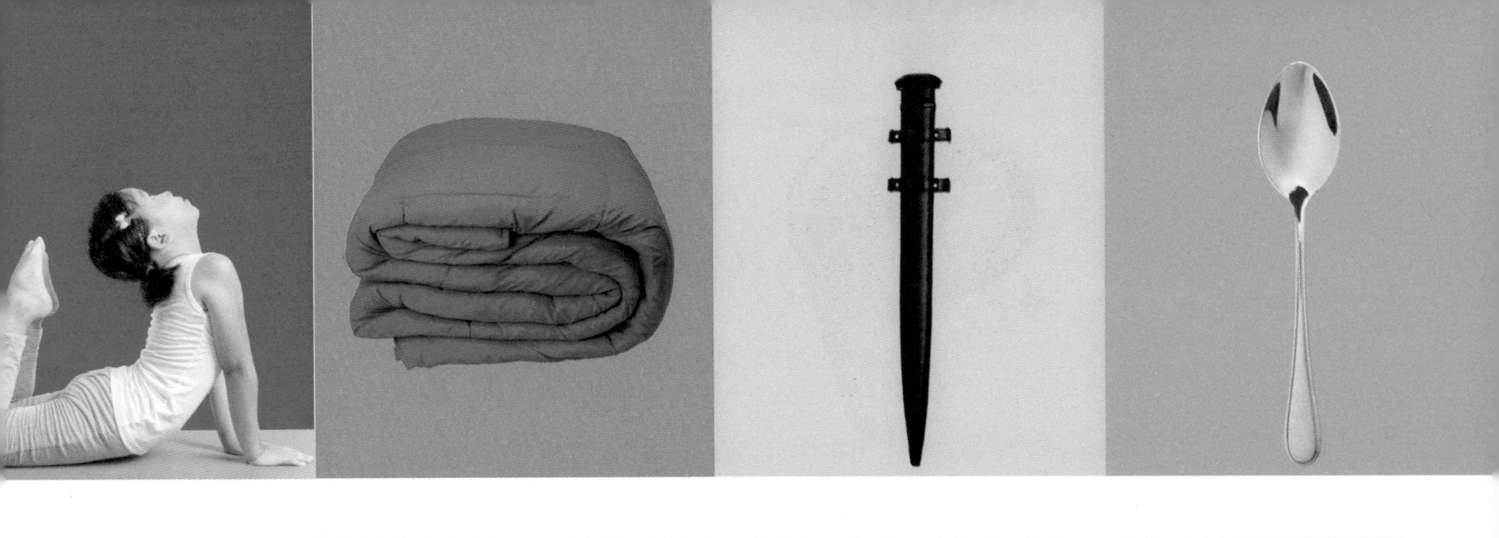

अभ्यास कम्बल म्यान चम्मच

अभ्यास कम्बल म्यान चम्मच

अभ्यास कम्बल म्यान चम्मच

अम्बर कुल्हड़ बिस्तर चुम्बक

अम्बर कुल्हड़ बिस्तर चुम्बक

अम्बर कुल्हड़ बिस्तर चुम्बक

बर्तन मिर्च कुम्हार दफ्तर

बर्तन मिर्च कुम्हार दफ्तर

बर्तन मिर्च कुम्हार दफ्तर

गर्म ज्वाला सर्प सूर्य

गर्म ज्वाला सर्प सूर्य

गर्म ज्वाला सर्प सूर्य

बिल्ली उल्लू हल्दी कुल्हाड़ी

बिल्ली उल्लू हल्दी कुल्हाड़ी

बिल्ली उल्लू हल्दी कुल्हाड़ी

बाल्टी स्त्री रफ्तार प्रश्न

बाल्टी स्त्री रफ्तार प्रश्न

बाल्टी स्त्री रफ्तार प्रश्न

रस्सी पुस्तक पुष्प पृथ्वी

रस्सी पुस्तक पुष्प पृथ्वी

रस्सी पुस्तक पुष्प पृथ्वी

स्नान स्नेह जन्तु पंक्ति

स्नान स्नेह जन्तु पंक्ति

स्नान स्नेह जन्तु पंक्ति

मेरी प्रथम हिन्दी सुलेख

वाक्य ज्ञान

समय का सदुपयोग करो

हमारा राष्ट्रीय पुष्प कमल है।

हमारा राष्ट्रीय पुष्प कमल है

हमारा राष्ट्रीय पुष्प कमल है

पृथ्वी एक सुंदर ग्रह है।

पृथ्वी एक सुंदर ग्रह है

पृथ्वी एक सुंदर ग्रह है

भारत एक विशाल देश है।

भारत एक विशाल देश है।

भारत एक विशाल देश है।

हमारा राष्ट्रीय पशु बाघ है।

हमारा राष्ट्रीय पशु बाघ है।

हमारा राष्ट्रीय पशु बाघ है।

मोर हमारा राष्ट्रीय पक्षी है।

मोर हमारा राष्ट्रीय पक्षी है

मोर हमारा राष्ट्रीय पक्षी है

शेर जंगल का राजा है।

शेर जंगल का राजा है

शेर जंगल का राजा है

जनवरी फरवरी मार्च अप्रैल
मई जून जुलाई अगस्त
सितम्बर अक्टूबर नवम्बर दिसम्बर

वर्ष में बारह महीने होते हैं।

वर्ष में बारह महीने होते हैं

वर्ष में बारह महीने होते हैं

रविवार सोमवार मंगलवार बुधवार

बृहस्पतिवार शुक्रवार शनिवार

सप्ताह में सात दिन होते हैं।

सप्ताह में सात दिन होते हैं।

सप्ताह में सात दिन होते हैं।

सूर्य पूर्व में उदय होता है।

सूर्य पूर्व में उदय होता है।

सूर्य पूर्व में उदय होता है।

इन्द्रधनुष में सात रंग होते हैं।

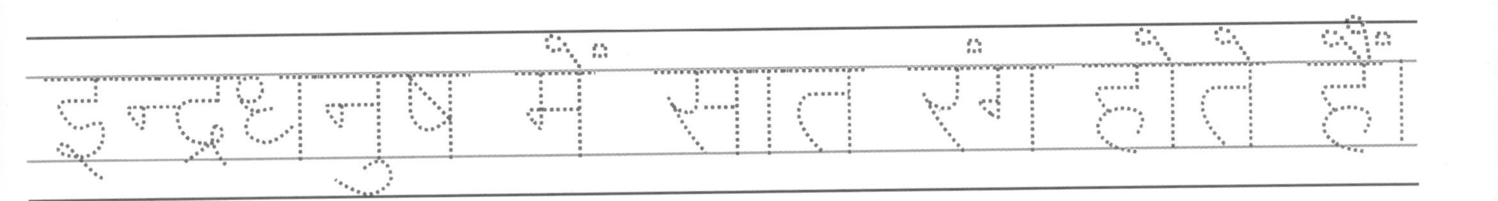

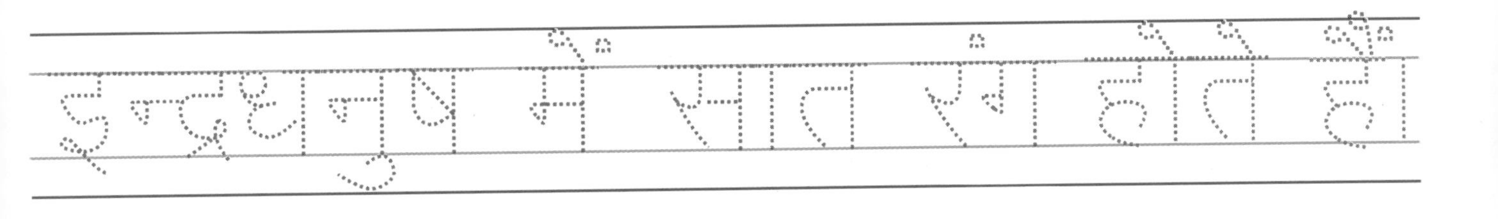

सुबह जल्दी उठना चाहिए।

सुबह जल्दी उठना चाहिए

सुबह जल्दी उठना चाहिए

गंगा हमारी पवित्र नदी है।

गंगा हमारी पवित्र नदी है।

गंगा हमारी पवित्र नदी है।

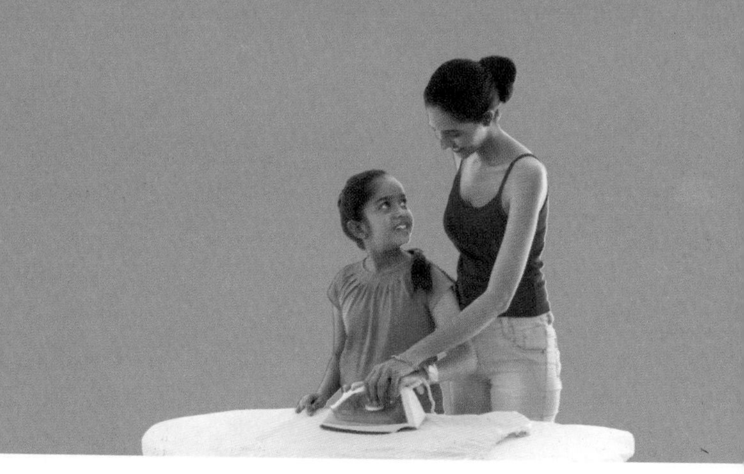

सदा दूसरों की मदद करें।

सदा दूसरों की मदद करें।

सदा दूसरों की मदद करें।

सभी काम धैर्य से करें।

सभी काम धैर्य से करें

सभी काम धैर्य से करें

अपने आसपास सफाई रखें।

अपने आसपास सफाई रखें।

अपने आसपास सफाई रखें।

आलस सबसे बड़ा शत्रु है।

आलस सबसे बड़ा शत्रु है

आलस सबसे बड़ा शत्रु है

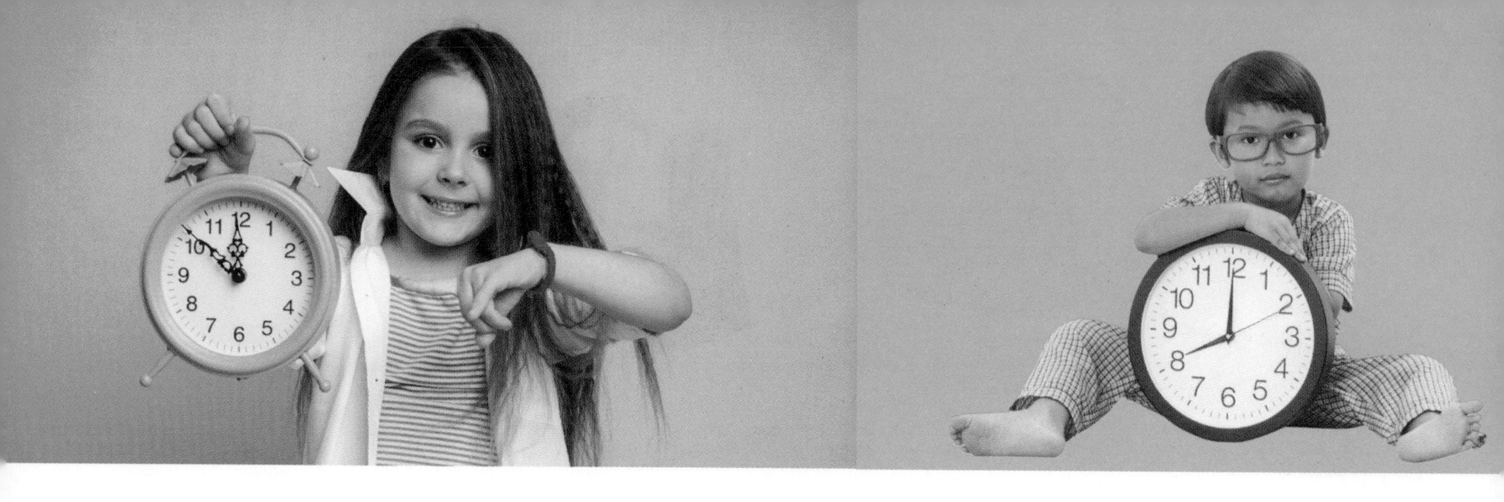

समय का सदुपयोग करें।

समय का सदुपयोग करें।

समय का सदुपयोग करें।

अपना काम स्वयं करें।

अपना काम स्वयं करें।

अपना काम स्वयं करें।

खाने से पहले हाथ धोएं।

खाने से पहले हाथ धोएं

खाने से पहले हाथ धोएं

माता-पिता की आज्ञा मानें।

माता-पिता की आज्ञा मानें।

माता-पिता की आज्ञा मानें।

हमें साफ कपड़े पहनने चाहिये।

हमें साफ कपड़े पहनने चाहिये।

हमें साफ कपड़े पहनने चाहिये।

पुस्तकें ज्ञान का भंडार हैं।

पुस्तकें ज्ञान का भंडार हैं।

पुस्तकें ज्ञान का भंडार हैं।

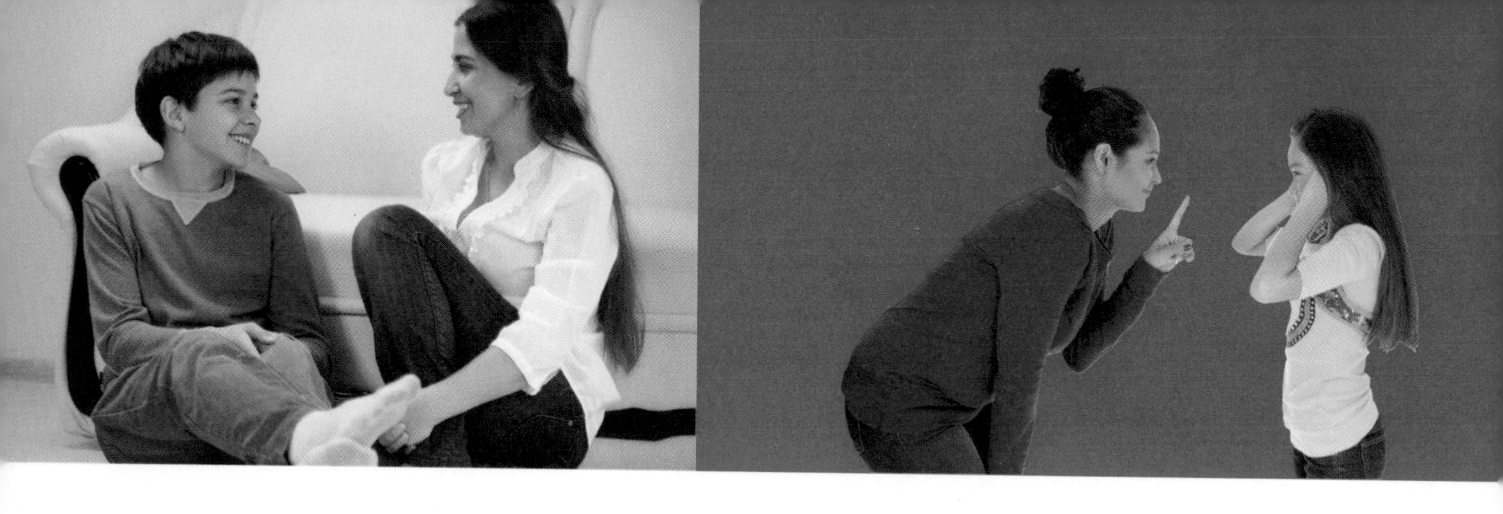

सदा सत्य बोलना चाहिए।

सदा सत्य बोलना चाहिए

सदा सत्य बोलना चाहिए

परिश्रम सफलता की कुंजी है।

परिश्रम सफलता की कुंजी है

परिश्रम सफलता की कुंजी है

छात्र बस में चढ़ रहे हैं।

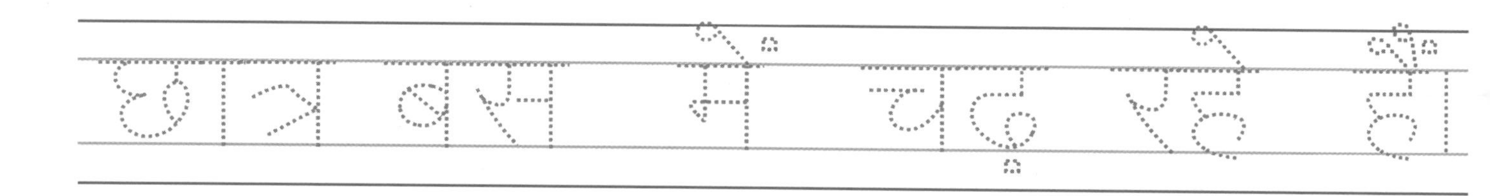

छात्र बस में चढ़ रहे हैं

सड़क सावधानी से पार करें।

सड़क सावधानी से पार करें

सड़क सावधानी से पार करें

जानवरों से अच्छा व्यवहार करें।

जानवरों से अच्छा व्यवहार करें

जानवरों से अच्छा व्यवहार करें

हरी सब्जियों का आहार करें।

हरी सब्जियों का आहार करें

हरी सब्जियों का आहार करें

सदा बड़ों का आदर करें।

सदा बड़ों का आदर करें।

सदा बड़ों का आदर करें।

प्रतिदिन कसरत जरूर करें।

प्रतिदिन कसरत जरूर करें।

प्रतिदिन कसरत जरूर करें।

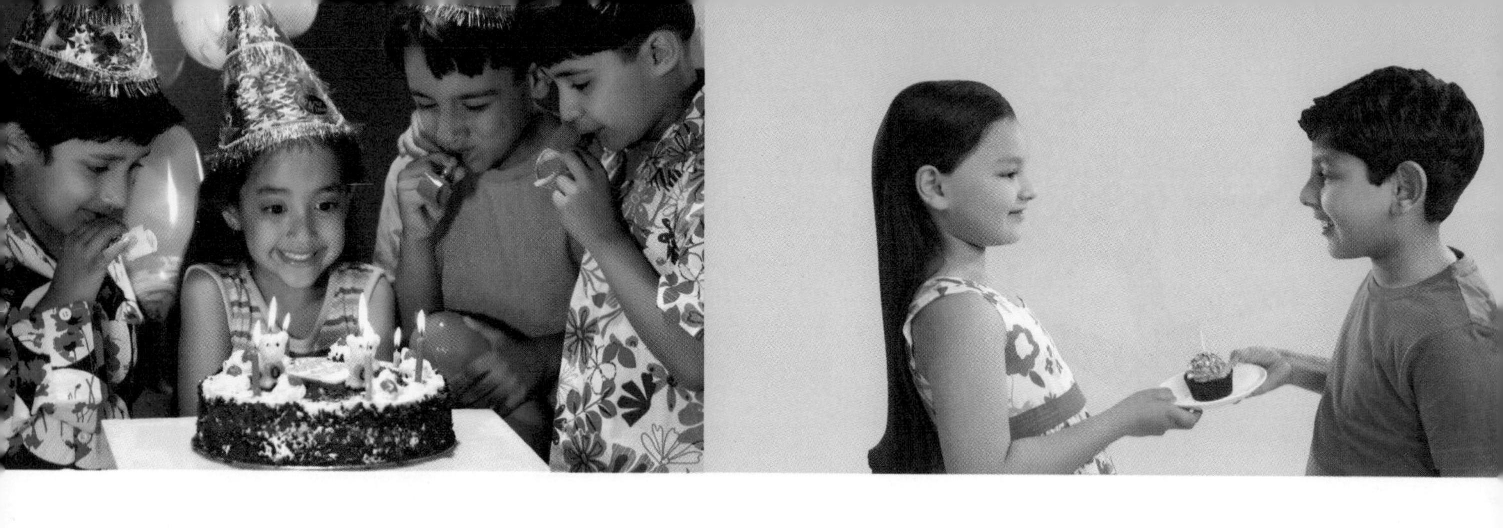

सदा मिलनसार स्वभाव रखें।

सदा मिलनसार स्वभाव रखें।

सदा मिलनसार स्वभाव रखें।